Pièce
8° F
6441

N. KRYLENKO

La politique des Soviets en matière criminelle

PRIX : 1 fr. 25

BUREAU D'EDITIONS DE DIFFUSION ET DE PUBLICITE
132, Faubourg Saint-Denis -:- PARIS

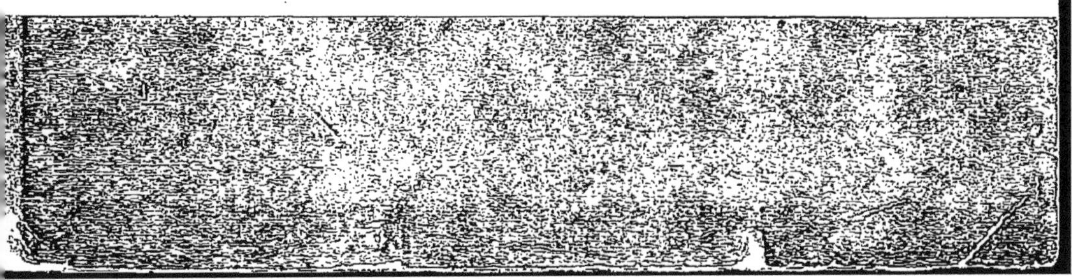

N. KRYLENKO

La politique des Soviets en matière criminelle

Pcea
8° F
6441

BUREAU D'ÉDITIONS,
de Diffusion et de Publicité
132, Faubourg Saint-Denis - Paris (10e)

La politique des Soviets :: en matière criminelle ::

Parmi les innombrables calomnies répandues sur l'Union soviétique et le premier Etat prolétarien qui ait été fondé dans le monde, il en est une à laquelle reviennent très souvent nos adversaires : on prétend que, dans cet Etat prolétarien, il n'existe pas de « justice », que tout se règle par l'arbitraire, que les tribunaux de l'Union soviétique ne sont que des jouets dociles entre les mains du gouvernement, et qu'en somme, par comparaison avec la justice bourgeoise de l'Europe occidentale, la politique des Soviets, en matière criminelle, marque une régression, un triste retour aux méthodes médiévales de tortures et d'inquisition.

Nous voulons exposer, dans cette brochure, les principes sur lesquels se guident les tribunaux des républiques soviétiques ; ainsi, les lecteurs non prévenus décideront d'eux-mêmes de la valeur de ces calomnies si abondamment répandues dans la presse bourgeoise et parmi les politiciens bourgeois.

Nous avons sous les yeux le nouveau code criminel de la R.S.F.S.R., en vigueur depuis le premier janvier 1927, adopté par la session du Comité exécutif central de l'Union et qui sert de loi fondamentale pour les tribunaux de la R.S.F.S.R., c'est-à-dire de la plus grande de nos républiques fédérées. Ce code est celui qui avait été promulgué en 1922, mais il est revu et corrigé. Avant cette année 1922, c'est-à-dire pendant la guerre civile, le gouvernement de la classe ouvrière n'avait pas le temps de s'occuper congrûment des problèmes de l'éducation pacifique. Ce n'est que lorsque la guerre civile est devenue moins violente, et que la lutte de l'Etat prolétarien contre l'intervention du capital international a perdu de son acuité, que le pouvoir soviétique a eu la possibilité d'entreprendre son œuvre d'édification intérieure et, notamment, de régler les questions de justice et de politique en matière criminelle.

Cela ne veut pas dire qu'avant cette époque il n'existait pas de tribunaux dans l'Etat soviétique ; des tribunaux avaient été créés dès la fin de 1918, environ un mois après la révolution d'Octobre; dès lors fut promulguée la première loi qui organisait l'administration de la justice. Mais les tribunaux de cette époque ne jugeaient pas sur des lois écrites ; il existait bien un certain nombre de lois concernant des crimes déterminés ; mais les juges ne disposaient pas d'une législation précise et complète. L'Etat prolétarien, tout entier à la lutte armée, faisait confiance aux tribunaux, qui, composés d'ouvriers et de paysans, sauraient, estimait-on, réprimer les crimes d'une façon plus ou moins satisfaisante ; le gouvernement s'en rapportait à la conscience révolutionnaire des ouvriers et des paysans appelés à rendre la justice.

L'histoire des cinq premières années d'existence du pouvoir soviétique a montré que, sous ce rapport, le gouvernement ne s'était pas illusionné. Presque tous les ouvriers et paysans qui sont devenus juges pendant cette période ont su, sans avoir passé par l'Université, remplir leur tâche.

Mais, dès que le plus dur de la guerre civile fut passé, le pouvoir des Soviets entreprit de régulariser l'action de ses tribunaux et promulgua son premier code. Cinq ans après, il jugeait indispensable de le reviser, de le corriger, de le compléter et d'en faire une base plus sûre pour les magistrats. Ce sont les principes de ce code nouveau que nous voulons exposer.

Avant tout, nous indiquerons en quelques mots en quoi l'organisation de nos tribunaux diffère de celle qui existe dans les Etats bourgeois.

L'appareil judiciaire en U.R.S.S.

Ce qui distingue nos tribunaux de ceux des Etats bourgeois, c'est que chez nous les juges ou les jurés sont exclusivement choisis parmi les travailleurs, qui seuls, d'après la Constitution de l'U.R.S.S., jouissent de droits politiques. Pas un bourgeois, pas un nepman, pas un commerçant, pas un capitaliste, pas un individu vivant de ses rentes n'a le droit, d'après notre constitution, de devenir juge ou juré.

Ce principe est-il juste ? Nous pensons que nul de ceux qui n'ont pas intérêt à exploiter autrui ne refusera d'en reconnaître la justesse. Tous ceux qui ont éprouvé et éprouvent encore, en courbant l'échine, le poids du capitalisme, diront avec nous que l'Etat prolétarien des Soviets a raison de n'accorder les droits politiques et le pouvoir qu'aux seuls travailleurs.

L'application de ce principe n'en est que plus juste quand il s'agit de l'appareil judiciaire qui a la charge de réprimer le crime, c'est-à-dire de combattre toute infraction, toute action susceptible d'ébranler, de saper, d'affaiblir ou de ruiner le régime social construit par les ouvriers dans leur Etat. La classe ouvrière ne peut, en aucun cas, déléguer à des adversaires de classe le soin d'examiner si l'on combattra le crime de telle ou telle manière, si l'on prendra telle ou telle mesure pour la défense de l'Etat contre les criminels qui représentent un danger social.

Aussi, l'Etat prolétarien a-t-il donné à ses tribunaux une structure particulière : il confie l'appareil judiciaire aux mains des masses laborieuses, pour que les travailleurs puissent toujours y trouver la défense de leurs intérêts. Notre tribunal populaire est organisé de cette façon : il est présidé par un juge populaire, élu pour un an par le soviet des députés ouvriers et paysans ; ce juge décide selon sa conscience et d'après les lois ; il est assisté de deux ouvriers ou paysans, élus par la population laborieuse, qui appartiennent à un jury, dont les membres, en nombre déterminé, représentent l'arrondissement judiciaire et prennent part, tour à tour, aux travaux du tribunal, chacun une fois par an, et pour six jours au plus. Le pouvoir soviétique agit de manière qu'au cours de l'année les jurés populaires soient constamment renouvelés, et qu'ainsi un plus grand nombre de travailleurs soient appelés à faire partie du tribunal. L'année dernière, par exemple, le nombre des ouvriers et des paysans qui ont assisté les juges populaires a été supérieur à 500.000 individus. Et c'est encore trop peu.

Lénine déclarait dans un de ses discours que la tâche du pouvoir soviétique serait d'appeler à l'administration de la justice, tour à tour, *tous les habitants les plus pauvres du pays, sans aucune exception.* « La justice, dit Lénine, est un organe du pouvoir politique, à l'aide duquel on gouverne le pays. » Si donc les travailleurs appelés à administrer la justice, en qualité de juges populaires ou d'assesseurs, sont le plus nombreux possible, *il en résultera que ces mêmes travailleurs participeront d'autant plus au gouvernement du pays, qu'ils considéreront l'Etat comme leur bien propre et qu'ils comprendront plus vite la science du pouvoir politique.* Les 500.000, et plus, ouvriers et paysans qui ont été assesseurs des tribunaux au cours de l'année dernière et qui, par conséquent, ont participé directement aux affaires, forment un contingent assez considérable pour qu'on admette que, sous ce rapport, l'Etat soviétique suit fidèlement les volontés du Maître; on admettra, sur des faits et des chiffres incontestables, que notre Etat est non pas en paroles seulement, mais en fait, un Etat ouvrier et paysan, un Etat prolétarien, dans le véritable sens de ce mot.

C'est ainsi qu'est construit notre tribunal prolétarien; c'est ainsi qu'il travaille. Quant aux directives dont il a besoin pour décider en matière criminelle, le pouvoir soviétique les lui a données dans le Code criminel, ensemble des lois indispensables pour une bonne administration de la justice du point de vue de la classe ouvrière.

Les tâches des tribunaux en U.R.S.S.

Nous nous bornerons ici, comme nous l'avons dit plus haut, à indiquer les principes fondamentaux sur lesquels se règlent les tribunaux prolétariens.

Quelle est avant tout la tâche du tribunal, d'après le Code criminel ? Le Code la définit nettement dès son premier article où se révèle aussitôt la différence qui existe entre les principes de notre législation criminelle et ceux qui font loi dans les Etats bourgeois.

La législation criminelle de la R.S.F.S.R., dit l'article

premier, a pour objet la défense de l'Etat socialiste des ouvriers et des paysans et du régime légal qui y est institué contre les actes dangereux pour la vie sociale (les crimes) par l'application aux individus qui commettent de pareils actes des mesures de défense sociale indiquées dans le présent code.

Quels sont donc les principes établis par cet article premier ?

C'est, tout d'abord, que notre législation criminelle doit *défendre l'Etat soviétique des ouvriers et des paysans.* Il ne s'agit pas d'une « justice » abstraite, au sens général ; il s'agit de *préserver l'Etat socialiste, édifié par les ouvriers et les paysans dans le feu de la révolution et de la guerre civile,* de conserver les conquêtes de la révolution d'Octobre, de garder le pouvoir des masses laborieuses : telle est la tâche primordiale de la justice ouvrière et paysanne.

On nous répliquera que la tâche du pouvoir judiciaire ne doit pas être du tout de défendre l'Etat, qu'il y a pour cela une armée, d'une part, et des lois, d'autre part. On nous dira que la tâche des tribunaux est, avant tout, de prononcer des jugements « justes », équitablement, *uniformément appliqués à tous les citoyens* qui sont cités devant les tribunaux ou qui recourent à leur protection. Telle est la théorie de certains. Mais nous dirons, nous, qu'il y a justice et justice, que la justice des fabricants, des capitalistes et des propriétaires n'est pas celle des ouvriers et des paysans ; que ce qui paraît juste à un propriétaire ne sera pas reconnu comme tel par un paysan. C'est ainsi que la confiscation des terres des propriétaires qui a été faite pendant la révolution, le bannissement de ces propriétaires, la confiscation des fabriques et des usines qui appartenaient aux capitalistes, peuvent être considérés comme justes ou injustes. C'est selon. Du point de vue des capitalistes et des propriétaires, ce sont là d'évidentes injustices. Mais du point de vue des ouvriers et des paysans ? C'est, répondrons-nous, la justice absolue.

Cela ne veut pas dire, bien entendu, que nos tribunaux décident des affaires sans aucune justice. Non, ils jugent en conscience, selon ce qui leur semble équitable, mais leur équité est celle des ouvriers et des paysans, c'est une justice de classe, c'est la justice des masses laborieuses. Il n'existe pas d'autre justice à nos yeux.

Toutes les protestations que l'on fait, disant que les tribunaux doivent administrer la justice au sens le plus général, ne sont pour nous, dans le meilleur des cas, que de vaines criailleries ; ce sont en réalité des moyens d'abuser les esprits crédules, et les gouvernements bourgeois s'en sont toujours servis pour justifier le régime de violence qu'ils imposent aux ouvriers et aux paysans.

La législation de l'Etat soviétique en matière criminelle le déclare clairement et nettement : les ouvriers et les paysans ont créé leur Etat ; cet Etat est attaqué de tous côtés par les capitalistes et les propriétaires expulsés ; cet Etat est menacé de destruction par la bourgeoisie internationale ; cet Etat est sapé à l'intérieur par les ennemis de classe de la Révolution. Les tribunaux prolétariens ont pour devoir de préserver cet Etat socialiste d'ouvriers et de paysans contre toutes les entreprises de ses ennemis de classe. Préserver signifie défendre, défendre par les mesures de répression que l'on appliquera aux ennemis de la Révolution.

Cette définition de la tâche des tribunaux, cette formule est-elle juste ou ne l'est-elle pas ? Nous pensons que, sur cette question, n'importe quel ouvrier ou paysan répondra toujours par l'affirmative ; tous diront que telle est bien la tâche à remplir, qu'elle est justement, nettement, clairement formulée et qu'elle est compréhensible à tous. C'est du reste ainsi que la même question est posée dans toutes les législations bourgeoises ; seulement celles-ci n'en parlent pas ouvertement, elles parlent de la « justice en général », et elles dissimulent que leurs tribunaux de classe défendent avant tout l'Etat bourgeois, le régime bourgeois, et persécutent cruellement tous ceux qui attentent à la domination de la bourgeoisie et à son régime. Mais la classe ouvrière de l'U.R.S.S. ne veut pas de mensonges, ni d'hypocrisie. Elle déclare franchement que sa législation, en matière criminelle, a pour objet de défendre l'Etat prolétarien et le régime institué par la classe ouvrière contre tous les actes qui pourraient les menacer.

On nous répliquera que les tribunaux soviétiques n'ont pas seulement affaire avec des ennemis de classe, avec des adversaires de la Révolution : ils ont à juger aussi des individus fort éloignés de toute idée contre-révolutionnaire et qui n'ont jamais songé à menacer le pouvoir ouvrier et paysan ; ils ont à juger même des ouvriers et des paysans qui commettent des crimes *ordinaires,* ne menaçant en aucune façon la sûreté de l'Etat ; enfin, ils ont à juger des bourgeois qui n'ont pas nécessairement l'idée de renverser le pouvoir soviétique, mais qui sont tout simplement des escrocs, des voleurs, des dilapidateurs des deniers publics, des assassins, des pillards, etc. S'agit-il donc ici de défendre le pouvoir des ouvriers et des paysans ? A cela nous répondons : les lois sont faites par le pouvoir prolétarien ; toutes les lois ont pour unique objet d'établir solidement un nouveau régime social, d'organiser l'économie socialiste, de frayer la voie au régime communiste ; toute infraction à la loi, quel que soit le coupable, gêne cette œuvre d'édification, empêche plus ou moins le travail d'organisation de la société communiste.

Le tribunal prolétarien n'a à défendre l'Etat que contre les actes criminels et les individus dangereux pour le régime social, que contre les actes et les individus qui nuisent effectivement, ou peuvent nuire, à l'Etat prolétarien. On ne peut citer en justice pour des actes qui ne menaceraient pas le régime social aucun des citoyens de l'U.R.S.S., quel qu'il soit, bourgeois, ouvrier ou paysan.

Ce deuxième principe détermine toute la structure de notre Code criminel et toute la politique de nos tribunaux ; et il établit une distinction essentielle entre la législation des Soviets en matière criminelle et celle qui est en vigueur dans tous les pays bourgeois. Nous ne trouverons pas un seul code bourgeois qui formule l'idée de l'acte dangereux pour le régime social comme nous en avons l'expression dans notre Code.

L'article 6 du Code soviétique déclare :

Est réputée dangereuse pour la société toute action ou infraction intentionnelle contre le régime des Soviets, ou violant le régime de droit établi par le pouvoir ouvrier et paysan pour la période de transition en attendant le régime communiste.

En complète conformité avec ce que nous avons dit plus haut, on déclare ici dangereuse au point de vue social, non seulement une action directement dirigée contre le pouvoir soviétique, mais toute action commise en violation de l'ordre social établi par le pouvoir ouvrier et paysan. Et ce n'est pas tout. L'article 6 en dit davantage : il déclare que tout l'ordre ainsi institué a pour but de frayer la voie au régime communiste de l'avenir, que c'est *le moyen dont se sert la classe ouvrière pour construire une société nouvelle.* On ne trouvera, bien entendu, aucune affirmation analogue dans aucun code bourgeois. Les codes des pays capitalistes ont pour objet de *défendre l'ordre existant, le régime capitaliste,* ordre que l'on considère comme une institution perpétuelle et à maintenir jusqu'à la consommation des siècles. Et c'est justement parce que la bourgeoisie comprend que les masses laborieuses n'ont aucun intérêt à conserver à tout jamais le régime existant, c'est pour cela que les tribunaux et les gouvernements bourgeois dissimulent aux ouvriers le véritable caractère de classe de leurs tribunaux, l'esprit de classe de leur législation ; c'est pour cela qu'ils cachent cette simple vérité, que leurs magistrats et leurs lois sont chargés de défendre *leur* régime bourgeois ; c'est pour cela qu'ils implantent dans les cerveaux des masses laborieuses cette idée, éminemment mensongère, que leurs lois et leurs tribunaux défendent autre chose que le régime bourgeois.

Une des théories à l'aide desquelles, depuis des dizaines d'années, sinon depuis des siècles, la science bourgeoise et ses savants s'efforcent d'obscurcir la conscience des ouvriers et des paysans, c'est celle qui prétend que les tribunaux sont à la garde d'une sorte de « justice » universelle, et qu'ils ont pour tâche de *punir* ceux qui attentent à cette « justice » égale pour tous. On ne parle donc pas de la défense du régime social bourgeois ; on prétend défendre « la justice » ; d'après la théorie bourgeoise, c'est la tâche essentielle de l'appareil judiciaire. Cette « justice » est établie on ne sait trop par qui, peut-être par un bon Dieu, ou par quelque autre personnage métaphysique. Tout homme, d'après cette théorie, a le sentiment et la conscience de cette « justice » dans son âme ou son cœur, et comprend qu'une infraction à cette loi supérieure doit nécessairement entraîner l' « expiation ». Celle-ci est précisément imposée par le tribunal.

Il suffit de présenter de pareils raisonnements pour qu'un ouvrier ou un paysan conscient en comprenne immédiatement toute la fausseté et l'hypocrisie. Nous avons déjà dit que chaque classe conçoit la justice différemment. Il en résulte, de toute évidence, que les *tribunaux bourgeois* la concevront aussi *à leur manière* et que, par suite, ils châtieront avec une rigueur particulière ceux qui enfreignent leur justice de classe. En obscurcissant la conscience des ouvriers et des paysans par des allégations de « justice », la bourgeoisie a en même temps fait le nécessaire pour les maintenir dans l'obéissance, au moyen de ses tribunaux et de ses prisons, et pour les *châtier* toutes les fois qu'ils s'insurgent contre cette « justice ».

La législation des Soviets a délibérément rejeté ce verbiage hypocrite ; elle a effacé de son code criminel le mot de « châtiment » et elle a déclaré, dans les « principes fondamentaux de la législation de l'Union des Républiques Soviétiques Socialistes en matière criminelle », principes adoptés par la session du Comité exécutif central de l'Union en 1924, que la justice des Soviets n'a pas pour objet d'infliger des châtiments, qu'elle est seulement chargée de défendre l'ordre social établi par la classe ouvrière dans son Etat. C'est de ce point de vue que la justice soviétique envisage chaque cas particulier ; c'est de ce point de vue qu'elle apprécie tout acte commis contre l'ordre établi, et elle prend, selon la nécessité, selon le danger que comporte l'infraction à la loi, les mesures d'auto-défense et de protection dont a besoin la société nouvelle. Le mot de « châtiment » ou de peine a été remplacé dans les codes des républiques unifiées par un nouveau terme: « mesures de défense sociale », c'est-à-dire mesures par lesquelles le nouvel Etat des travailleurs se défend contre les entreprises d'individus, citoyens ou non de l'Union, qui menaceraient la société.

Nous reviendrons à cette théorie du « châtiment » lorsque nous examinerons par quelles mesures l'Etat prolétarien assure sa défense, lorsque nous dirons comment il traite les coupables d'infractions à la loi, et ce qu'il entend faire de ces coupables. Nous verrons alors combien profonde est la différence entre la législation des Soviets et celle des Etats bourgeois. Nous verrons aussi quels actes sont considérés comme dangereux pour l'ordre social.

En attendant, étudions encore une question sur

laquelle notre politique en matière criminelle ne diffère pas moins nettement de la politique bourgeoise :

Le Code criminel contient avant tout une nomenclature des actes reconnus dangereux pour l'ordre social. Ce sont : les crimes de contre-révolution ou les crimes dont l'intention est de combattre la Révolution et le pouvoir établi par elle ; les crimes qui attentent au régime politique et administratif établi, par exemple : résistance aux autorités, refus de payer les impôts, brigandage, attaques à main armée dans la rue, etc. ; les crimes contre les biens, c'est-à-dire contre tout avoir protégé par la loi ; les crimes de fonctionnaires, comportant des manquements aux obligations de service des fonctionnaires publics ; les crimes économiques, c'est-à-dire ceux qui attentent à l'édification économique dans notre pays ; les crimes militaires, c'est-à-dire toute infraction commise à l'égard de leurs obligations militaires, aussi bien par des soldats de l'armée rouge que par des chefs; enfin, les crimes individuels, commis contre les personnes, tels que : assassinats, voies de faits, etc. Cette nomenclature constitue à proprement parler le Code criminel. Il peut cependant arriver qu'un citoyen commette un des actes formellement mentionnés comme attentats à l'ordre social dans le Code criminel, et que toutefois l'acte ait été commis en des circonstances où, précisément, il n'avait plus ce caractère d'attentat au régime, soit que les conséquences de l'acte se soient trouvées anodines sous ce rapport, soit que le délinquant ne puisse être considéré lui-même comme un individu dangereux pour la société. Que fera dans ce cas le tribunal soviétique, d'après le Code criminel ?

Une remarque annexée à l'article 6 répond nettement à cette question : le tribunal prolétarien n'appliquera pas nécessairement les mesures de défense sociale prévues à tout acte formellement mentionné dans le code comme attentat à l'ordre social. Si l'acte envisagé n'a présenté, en fait, aucun danger réel pour l'ordre établi, ou bien si le délinquant, malgré l'acte commis, ne peut être considéré comme un élément véritablement dangereux pour la société, le tribunal ne peut et ne doit, sans une absolue nécessité, appliquer dans ce cas des mesures de défense sociale en répression d'un pareil acte, contre celui qui l'a commis.

D'après la loi soviétique, un individu peut agir en infraction à la loi, il peut, par exemple, commettre un faux ou un vol, sans que ses actes comportent un danger : un faux peut être absolument inoffensif ; un vol peut se produire dans des conditions telles que le coupable ne puisse avoir attenté au régime social. Il peut arriver aussi qu'un individu qui aurait commis un acte criminel, qui, par exemple, aurait participé à un soulèvement contre-révolutionnaire en 1918 ou 1919, soit devenu, lorsque son affaire sera jugée, ou bien lorsque ses crimes viendront à la connaissance de l'autorité prolétarienne, quelques années plus tard, mettons en 1927, un loyal travailleur au service des Soviets ; il se peut qu'il ait pris le parti du pouvoir prolétarien, qu'il ait reconnu comme condamnable sa conduite d'autrefois... Dans tous ces cas-là, la loi déclare qu'il n'y a pas nécessité d'appliquer des mesures de défense sociale ; qu'il n'est pas besoin de « punir » ceux qui ont commis des crimes nettement qualifiés.

Un troisième cas peut se présenter : l'acte commis peut avoir cessé d'être dangereux pour le régime au moment où il sera jugé ; le tribunal n'aura pas alors à appliquer au délinquant des mesures de défense sociale. C'est ainsi que la fabrication de fausses cartes d'approvisionnement (cartes de pain, par exemple), qui était un acte grave en 1918, n'aurait plus aucun intérêt en 1927; il est donc douteux que le tribunal juge nécessaire de punir maintenant des individus qui, autrefois, auraient commis des faux de ce genre.

La liberté du tribunal, dans l'application des mesures de défense sociale, est donc très large ; on lui fait même une obligation de considérer avant tout chaque crime du point de vue du danger qu'il présente pour l'ordre social, et de voir aussi dans quelle mesure l'individu qui l'a commis est dangereux ou peut le devenir par la suite : cela caractérise essentiellement l'attitude prise par la loi soviétique à l'égard du criminel. Ayant avant tout pour but de défendre l'ordre social établi par le pouvoir ouvrier et paysan, la loi des Soviets ne perd jamais de vue cette tâche essentielle. Il en résulte que notre législation ne considère jamais comme obligatoire en principe l'application d'un « châtiment » pour une infraction à la loi; et c'est par là que le droit soviétique en matière criminelle diffère essentiellement du droit bourgeois.

Les mesures de défense sociale

Comment donc faut-il traiter les individus qui ont commis des actes attentatoires à l'ordre social, du point de vue d'abord de la défense de l'ordre ? *Comment faut-il agir sur le criminel* pour le mettre dans l'impossibilité de récidiver ? Cette question est examinée à l'article 9 du Code criminel.

Il est dit dans cet article que les mesures de défense de la société prolétarienne contre les individus qui pourraient la menacer d'une manière ou d'une autre, sont appliquées par le tribunal prolétarien dans un triple dessein. Il s'agit avant tout de *prévenir de nouveaux crimes de la part de ceux qui en ont déjà commis* ; pour cela, la mesure essentielle à appliquer est de retrancher ces individus de la société laborieuse. Cela peut se faire par la privation de la liberté, par l'emprisonnement ou la déportation, qui empêcheront les coupables de récidiver.

En second lieu, la loi soviétique, considérant qu'il ne suffit pas d'empêcher la récidive, estime qu'il importe de *prévenir les mêmes crimes de la part d'au-*

tres individus; ceux qui seraient tentés de commettre les mêmes actions s'en abstiendront lorsqu'ils verront comment les coupables sont jugés et retranchés de la société. L'article 9 envisage également ce dessein d' « agir sur les autres éléments instables du milieu social ».

Enfin, le troisième but envisagé par la loi concerne la personne des délinquants.

Que fera-t-on d'eux, lorsqu'ils auront été retranchés de la société? La loi soviétique se donne ici plusieurs tâches concrètes : *elle veut d'abord réadapter le criminel* à la vie commune de l'Etat prolétarien, lui apprendre à vivre parmi les travailleurs, le transformer, le rééduquer, le corriger si, bien entendu, il se prête à cette correction; et le moyen de l'amender, c'est de l'habituer au *travail,* c'est aussi de lui apprendre à se rendre *utile* à la société. Cependant, la loi soviétique *interdit catégoriquement de lui infliger des souffrances physiques et de l'amoindrir dans sa dignité d'homme.* L'article 9, dans son dernier alinéa, est formel sur ce point :

> Les mesures de défense sociale ne peuvent avoir pour objet d'infliger des souffrances physiques ou de ravaler la dignité humaine, et elles ne se proposent pas d'exercer une vengeance ou d'appliquer un châtiment.

Nous nous permettons d'insister sur cette question. On peut nous répliquer qu'en cela la loi soviétique ne diffère pas particulièrement des lois bourgeoises, que celles-ci ont aussi pour but de prévenir la récidive de la part des criminels, de prévenir le crime de la part des autres éléments instables de la société et, enfin, de réadapter le criminel à un travail utile,

Il n'en est pas ainsi. Les lois bourgeoises sont éloquentes là-dessus, c'est incontestable; mais leur façon de réaliser leurs principes n'est pas du tout la même que la nôtre. Du point de vue soviétique, les individus coupables peuvent être des ennemis de classe, des adversaires de la révolution, des représentants de la bourgeoisie qui veulent détruire le pouvoir soviétique; et, à leur égard, la loi soviétique est impitoyable, elle applique les mesures les plus rigoureuses, en les retranchant de la société des travailleurs, sans hésiter même à les supprimer totalement. Mais la loi soviétique prévoit aussi le crime de la part d'autres individus, appartenant à des milieux ouvriers ou paysans, dont les infractions à la loi peuvent s'expliquer par l'occasion et les circonstances. Ceux-ci, la loi soviétique veut les amender. Du point de vue du droit criminel des soviets, le crime est toujours engendré par les antagonismes d'une société divisée en classes; il est toujours le résultat d'une mauvaise organisation sociale, d'un désordre du milieu. L'Etat soviétique travaille à éliminer les causes premières de la criminalité, il s'efforce de rebâtir la société sur des bases communistes où le crime ne se produira plus. Partant de là, il considère le criminel d'origine ouvrière ou paysanne comme un individu « non coupable » de son crime et que l'on peut et doit toujours corriger.

La loi bourgeoise traite tout autrement le criminel. Pour elle, la société capitaliste est la meilleure de toutes, elle doit subsister et subsistera éternellement; aussi le criminel lui apparaît-il toujours comme un individu animé de « mauvaises intentions », et alors il importe de *briser* les volontés mauvaises, au moins par le châtiment ; ou bien le criminel lui apparaît comme un type de dégénéré, portant en lui des instincts héréditaires de toute une génération d'êtres malfaisants comme lui; dans ce cas, s'il peut être corrigé, ce n'est que par une longue et lente action, qui devra parfois durer plusieurs dizaines d'années.

Aussi la loi bourgeoise, en conformité absolue avec toute la théorie de la peine et du châtiment, se permet-elle, pour corriger le criminel, de lui appliquer même des peines corporelles et toutes autres mesures qui avilissent l'homme : les fers, le cachot, des privations et des sanctions infamantes. Il suffit de mentionner ici ce que sont, en Amérique, les chambres de réclusion, avec leurs plafonds de liège, leurs murs tendus de feutre, créant un véritable isolement perpétuel, en résultat duquel les condamnés perdent la raison et toute apparence d'humanité.

Il n'y a rien de pareil dans les lieux de détention de l'Union soviétique. Nous n'appliquons même, parfois, une sévère réclusion que comme une première mesure à l'égard des plus coupables, et encore est-elle ensuite atténuée. Le principe du système pénitentiaire soviétique est au contraire basé sur le travail collectif des détenus; et, en outre, le travail obligatoire sans privation de la liberté est la forme que la politique des Soviets, en matière criminelle, s'efforce d'appliquer le plus souvent possible à la plupart des condamnés.

Mais, nous dira-t-on, vous fusillez aussi; vous prétendez que les mesures appliquées par la loi soviétique ne peuvent avoir pour but de causer des souffrances physiques, et, pourtant, tout le monde sait que vos tribunaux condamnent certains individus à la peine de mort. C'est vrai : mais cette peine est appliquée à ceux qui ne donnent aucun espoir d'amendement, aux ennemis de classe de la Révolution, dont toute l'activité a été dirigée contre cette Révolution, ou bien à ceux qui ont tellement rompu avec la société des travailleurs qu'il ne peut être question de les y ramener. Mais, d'après notre loi, comme le déclare l'article 21, la peine de mort est une mesure temporaire de répression contre les crimes les plus graves, *contre ceux qui menacent les bases mêmes du pouvoir soviétique et de l'Etat prolétarien; et elle n'est appliquée que comme mesure de défense exceptionnelle, en attendant d'être abolie complètement* par le Comité Exécutif Central de l'U.R.S.S. En outre, il est dit dans la loi que l'on ne pourra fusiller des individus qui n'auraient pas atteint l'âge de 18 ans au moment où ils ont commis leur crime, ni des femmes enceintes (art. 22).

Tels sont les buts essentiels de l'application des mesures de défense sociale par la loi des républiques soviétiques.

Les mesures de correction

Voyons maintenant quelles sont les mesures admises par la loi soviétique. Elles se divisent en trois catégories : 1° mesures de répression ou de correction, dont nous avons parlé; 2° traitement médical; 3° traitement pédagogique.

Le traitement médical est appliqué aux personnes qui ont commis leur crime en état de maladie, ou qui ne jouissaient pas alors de toutes leurs facultés.

Le traitement pédagogique est fait pour les adolescents, les enfants, à l'égard desquels la loi interdit absolument toute mesure de correction judiciaire, jusqu'à l'âge de 14 ans; de 14 à 16 ans, la répression des tribunaux ne peut s'exercer que sur l'avis d'une commission spéciale, dont font partie un médecin et un pédagogue, s'il est reconnu que le traitement médical et pédagogique ne pourra être d'aucun effet.

Quelles sont donc les mesures concrètes que

peuvent appliquer nos tribunaux ? De la peine de mort, mesure exceptionnelle, nous avons déjà parlé. En outre, la loi soviétique prévoit la graduation suivante :

Le criminel sera déclaré ennemi des travailleurs, il sera privé de la qualité de citoyen de l'U.R.S.S. et obligatoirement banni. C'est la plus grave sanction après la peine de mort; les individus bannis par jugement ne peuvent rentrer à leur gré sur le territoire de l'U.R.S.S.; ils risqueraient une condamnation à mort.

La privation de la liberté avec ou sans réclusion, pour une durée qui ne peut être supérieure à dix ans, est la peine suivante. Il fut un temps où la loi soviétique défendait de prolonger l'emprisonnement au delà de cinq ans; mais, depuis 1922, la durée maximum a été portée à dix ans. En réalité, les condamnés, à de rarissimes exceptions, ne restent même pas la moitié de ce temps en prison; en règle générale, un détenu, après avoir fait la moitié de son temps, a le droit de demander sa libération conditionnelle et, si le tribunal ou la commission spéciale reconnaît qu'il a déjà donné des gages suffisants d'amendement, qu'il est incapable désormais de commettre de nouveaux crimes, on le libère. Ainsi l'emprisonnement pour dix ans, mesure toute théorique, n'a guère de réalité.

Vient ensuite une peine que, comme nous l'avons déjà dit, la politique soviétique s'efforce d'appliquer à la majorité des condamnés : c'est le travail obligatoire sans privation de liberté; le condamné n'est pas enfermé; il est seulement tenu de travailler à un endroit déterminé, le plus souvent dans des colonies spécialement aménagées pour cela, où il jouit d'une complète liberté de circulation à l'intérieur, et d'où il peut sortir parfois en congé. Il convient d'indiquer que des congés sont également accordés aux individus emprisonnés et qu'à l'égard des paysans, conformément à une loi spéciale, des vacances obligatoires sont prévues pour la saison des travaux agricoles, pour leur éviter des pertes matérielles trop sensibles; cette faveur n'est refusée que s'il y a protestation de la part de la communauté paysanne à laquelle le détenu doit revenir, ou bien si le crime a été trop grave et si l'on peut croire qu'un adoucissement de régime et une libération temporaire permettront au détenu de disparaître, de s'évader.

Telles sont les principales mesures appliquées par les tribunaux en matière criminelle. Il en est d'autres qui ont plutôt un effet moral et politique qu'un caractère de répression. Citons : la déchéance des droits civiques et politiques; le bannissement à temps hors de l'U.R.S.S.; la déportation hors du territoire de la R.S.F.S.R. ou d'une des républiques unifiées, avec ou sans obligation de résidence en un autre lieu de l'Union, ou avec ou sans interdiction de séjour en des lieux déterminés; la révocation, pour les fonctionnaires, avec ou sans interdiction d'occuper tel ou tel poste; l'interdiction d'exercer telle ou telle profession, tel ou tel métier; le blâme public; la confiscation totale ou partielle des biens; l'amende; l'avertissement; l'obligation d'indemniser. Ces mesures plutôt morales que répressives sont appliquées aux membres de la société laborieuse dont le crime est excusé par les circonstances et qui peuvent s'amender de cette manière plus vite que si on leur infligeait des peines rigoureuses.

D'ailleurs celles-ci sont appliquées avec une extrême circonspection. C'est ainsi que, d'après le Code criminel, la confiscation des biens consiste en une saisie obligatoire, sans indemnité, par l'Etat, de la totalité ou d'une partie de l'avoir de l'accusé, déterminée par le tribunal, mais elle ne peut porter sur les objets d'un usage indispensable pour l'accusé et sa famille, sur ses instruments de travail, quand il exerce un métier, un artisanat quelconque ; les moyens d'entretien et les sommes laissées à la disposition de l'accusé ne peuvent être d'une valeur inférieure à la moyenne d'un salaire ouvrier de trois mois, telle qu'elle est établie dans la localité, cette valeur étant calculée pour chacun des membres de la famille; quant à l'outillage indispensable pour le travail professionnel du condamné, il ne peut être confisqué que si le tribunal décide en même temps d'interdire au coupable l'exercice de sa profession.

En ce qui concerne les amendes infligées par les tribunaux que la R.S.F.S.R., la méthode soviétique se distingue encore de celle des codes bourgeois. Le paiement d'une amende n'est pas dans les moyens de tous; pour un riche, il est bien moins sensible que pour un pauvre, et même il est alors, parfois, une ressource pour esquiver la justice. Prévenant tout abus, le Code criminel précise que la compensation d'une amende par l'emprisonnement ou de l'emprisonnement par une amende, ordinairement pratiquée en Occident, ne sera pas admise.

Tels sont les principes essêntiels qui déterminent la structure de notre Code criminel. On ne contestera pas qu'ils sont humains au plus haut point, et l'on ne parlera plus des cruautés, des tortures et autres procédés d'inquisition que nos adversaires ont prétendu pouvoir reprocher aux tribunaux et aux prisons soviétiques. Mais nous n'avons pas encore tout dit.

Il ne suffit pas que la loi définisse les buts à poursuivre dans l'exercice de la justice; elle doit aussi indiquer comment les tribunaux ont à résoudre, dans chaque cas particulier, une *affaire concrète,* et comment ils doivent appliquer les mesures de défense sociale ci-dessus écrites. Les articles 47 et 48 expliquent cette procédure et, là encore, la différence est considérable entre la législation des Soviets et celle des Etats bourgeois. C'est ce que nous allons étudier.

Les circonstances aggravantes

L'article 47 précise qu'en chaque affaire, « la question essentielle à résoudre, dans chaque cas particulier, est celle du degré de danger social représenté par le crime ».

Les circonstances du délit peuvent être de deux sortes : les unes sont aggravantes, elles montrent que le criminel et son acte sont particulièrement nocifs, et le tribunal peut et doit toujours les rechercher et en tenir compte, la loi le lui prescrit formellement; les autres circonstances sont atténuantes.

D'après le Code criminel, sont considérées comme circonstances aggravantes : le fait qu'un crime a été commis en vue de restaurer le pouvoir de la bourgeoisie; c'est là le cas le plus grave qui entraîne pour le condamné la plus rigoureuse mesure de défense sociale, car il faut prtéger la société des travailleurs contre d'autres crimes du même genre. Dans les codes bourgeois de l'Europe occidentale, nous ne trouverons jamais une pareille indication, nous trouverions plutôt une indication contraire; mais, dans la plupart des cas, le silence de ces codes est hypocrite et, en réalité, les peines appliquées sont des plus dures à l'égard des ouvriers et des paysans, lorsque ceux-ci ont attenté à l'ordre bourgeois. Notre loi ne garde pas le silence sur ce sujet; elle dit nettement que la répression la plus sévère sera exercée à l'égard de ceux qui voudraient rétablir le régime de la bourgeoisie.

Notre loi considère aussi avec une attention particulière les crimes commis en groupe, en bande, ou en récidive; les crimes commis pour un but de lucre ou avec de basses intentions; enfin les crimes où il est fait preuve de cruauté sauvage, de violence ou de ruse, à l'égard soit de subordonnés, soit de personnes en tutelles ou entretenues par le criminel, soit d'individus incapables de se défendre par suite de leur âge; le tribunal a à tenir compte de toutes autres circonstances d'état individuel, et il doit y voir, s'il le faut, des circonstances aggravantes. Dans tous ces cas-là, la loi considère que les individus coupables sont des plus dangereux et elle exige qu'on leur applique les mesures les plus sévères de défense sociale.

Récemment encore la loi mentionnait qu'il fallait punir avec plus de rigueur les crimes commis par des individus appartenant à la classe bourgeoise. Actuellement, elle ne l'exige plus; elle déclare qu'il n'y a pas lieu de traiter avec une particulière sévérité un criminel du simple fait qu'il appartient à la bourgeoisie, qu'il a été jadis commerçant ou capitaliste, ou bien qu'il s'occupe actuellement de commerce, ou qu'il a une entreprise privée, autorisée par la loi. La sévérité n'est requise qu'à l'égard de celui dont les actes sont dirigés contre l'Etat et les intérêts des travailleurs. Dans ces cas-là, la loi est implacable.

Les circonstances atténuantes

Quelles sont donc les circonstances atténuantes reconnues par la loi? Elles sont énumérées dans l'article 48 :

Le tribunal a d'abord à examiner si le crime n'a pas été commis pour faire échec à un attentat contre le pouvoir des Soviets et l'ordre révolutionnaire, ou bien par légitime défense de la personne ou des droits de la personne coupable, ou d'autres personnes. C'est une circonstance à considérer comme prouvant que l'individu en cause est moins dangereux pour l'ordre social que ne semble l'indiquer son crime. Mais d'autres conjonctures peuvent se présenter aussi : le crime peut avoir été commis pour des motifs autres que ceux de lucre, et sans basses intentions; il peut avoir été le résultat de menaces, d'intimidation, de sujétion matérielle, ou subordination de service, ou de l'influence d'une violente émotion, d'un pressant besoin, ou d'un concours de circonstances pénibles pour l'individu ou sa famille, ou enfin d'inconscience, d'ignorance, de pur hasard; finalement, la répression sera atténuée dans le cas où le crime aurait été commis par un individu n'ayant pas atteint sa majorité ou par une femme enceinte.

L'énumération de ces circonstances caractérise si bien les méthodes de la loi soviétique à l'égard du criminel qu'il n'est guère nécessaire d'insister sur les détails. Naguère, l'article 48 indiquait aussi que l'on considérait comme circonstance atténuante le fait, pour le criminel, d'appartenir à la classe ouvrière ou à la paysannerie laborieuse. La loi actuelle ne donne plus cette indication, car on estime qu'il n'y a pas là un motif suffisant pour atténuer les mesures de répression. On est donc arrivé à une compréhension du principe de classe plus profonde que celle des tribunaux qui, récemment encore, traitaient avec une excessive indulgence des criminels dangereux, en considération de leur « origine prolétarienne ».

C'est ainsi que la loi soviétique envisage le crime et la criminalité. On peut dire qu'en aucun autre code criminel on ne trouvera rien de semblable, et qu'on y verra plutôt l'expression d'un sentiment contraire.

Le sursis

Pour terminer l'examen des principes généraux et des prescriptions de notre Code criminel, nous indiquerons encore l'article 53, qui permet aux tribunaux de décider qu'il n'y a pas lieu d'emprisonner un condamné, lorsque cet individu n'est pas véritablement dangereux. Dans ce cas-là, le tribunal a le droit de lui accorder le sursis : si le délinquant vient à commettre une nouvelle faute pendant la période de temps qu'il aurait dû passer en prison, la première condamnation devient exécutoire avec la seconde.

Les crimes de contre-révolution

Nous en aurons fini avec les principes généraux lorsque nous aurons parlé des crimes de contre-révolution. Il serait inutile de reprendre ici le texte, article par article; nous n'indiquerons que certains traits essentiels et caractéristiques qu'on ne trouverait dans aucun des codes bourgeois.

Il y a d'abord un article qui contient la définition du crime de contre-révolution. C'est, nous dit la loi, « toute action visant à renverser, à saper ou à affaiblir le pouvoir des Soviets ouvriers et paysans et de leurs élus sur la base de la Constitution de l'U.R.S.S. et des Constitutions des Républiques Unifiées, savoir : les gouvernements ouvriers et paysans de l'Union des Républiques unifiées et autonomes ; ou bien toute action menaçant ou affaiblissant la sûreté extérieure de l'Union et les principales conquêtes économiques, politiques et nationales de la Révolution prolétarienne ».

A cette définition, qui se trouvait dans le code précédent, le nouveau a ajouté : « En vertu de la solidarité internationale et des intérêts de tous les travailleurs, des actes de ce genre seront également réputés contre-révolutionnaires quand ils seront dirigés contre un autre Etat de travailleurs, quand bien même celui-ci n'appartiendrait pas à l'Union des Républiques soviétiques socialistes. »

Nous avons introduit cet article dans le Code, parce que nous estimons que notre loi doit défendre non seulement notre Etat, mais tout autre Etat de travailleurs, s'il s'en fonde un, et si la contre-révolution vient à intriguer contre lui ou à le combattre. Les intérêts des travailleurs du monde entier font loi pour nous.

La défense des intérêts des travailleurs

Parmi les autres articles, nous noterons les suivants, qui n'existent également dans aucun code bourgeois. Alors que ces derniers menacent toujours de sanctions les ouvriers pour faits de grève, menacent les syndicats quand ceux-ci entreprennent de lutter pour les droits des travailleurs, la loi des Soviets dit ceci : « Lorsqu'un employeur, que ce soit un entrepreneur privé ou un établissement de l'Etat, ou une entreprise collective, dans la personne des dirigeants responsables, aura violé les lois qui réglementent l'emploi de la main-d'œuvre, ainsi que les lois de défense du travail et d'assurance sociale », ce délit, s'il est commis au préjudice d'un groupe d'ouvriers comptant au moins trois individus, sera puni d'un emprisonnement pouvant aller jusqu'à un an, ou d'une amende pouvant aller jusqu'à 10.000 roubles ; « lorsque, par suite d'une infraction aux règlements de défense du travail, un travailleur aura été mis dans de telles conditions qu'il aura perdu, ou aurait pu perdre, sa capacité de travail », l'infraction sera punie d'une détention pouvant aller jusqu'à 2 ans ; enfin, « lorsqu'un employeur aura violé un contrat collectif conclu par lui avec un syndicat », la loi prévoit des sanctions analogues à celles qui frapperaient un crime; il en est de même pour celui « qui tenterait de s'opposer à l'activité légale des comités de fabrique ou d'usine et des comités locaux ».

C'est ainsi que notre loi soviétique entend défendre le travail. Les articles dont nous parlons sont mis sous les yeux de tout entrepreneur.

Un article spécial (97) comporte des sanctions pour le fait d'avoir exigé d'un travailleur un loyer supérieur à celui que permet la loi; le même article interdit la vente et l'achat des appartements et des chambres par les gens riches dans les constructions municipalisées et nationalisées.

On voit en quel sens est conçue la législation des Soviets en matière criminelle.

*
* *

Il nous reste encore une question à examiner : on nous reproche souvent d'avoir, dans notre Code criminel, emprunté aux codes bourgeois l'idée essentielle de lutte contre les éléments dangereux pour l'ordre social; on prétend que nous n'avons rien découvert de neuf, et que ce principe nous est venu de l'école italienne, d'Enrico Ferri. Si nous empruntons à l'Europe occidentale ce que la science bourgeoise a trouvé de bon, nous ne croyons pas que l'on puisse nous en blâmer, et nous ne nous gênons pas pour dire : Oui, c'est un emprunt. Mais il n'en est pas tout à fait ainsi en l'occurrence.

L'école d'Enrico Ferri se place bien, en effet, au point de vue de la lutte contre les éléments dangereux pour l'ordre social; elle exclut aussi l'idée de « châtiment », en se servant du terme « mesures de défense sociale », etc. Mais, en premier lieu, le Code iatlien constitué d'après les principes de l'école de Ferri n'est encore qu'un projet sans application, tandis que notre Code est déjà en vigueur depuis une dizaine d'années; en second lieu, l'école de Ferri est loin de concevoir le principe de classe et ses applications, ou plutôt elle part toujours de cette idée que la société capitaliste actuelle est la meilleure ; cette école est incapable d'introduire le principe de classe dans sa conception du pouvoir judiciaire et de ce qu'on appelle « la justice ». Enfin, dans aucune des œuvres de science inspirée par l'école de Ferri, on ne verra que le criminel soit considéré comme il l'est dans notre Code, ainsi que nous l'avons démontré. Un bourgeois est toujours un bourgeois, quand bien même il serait le plus savant, le plus étincelant d'esprit, le plus libéral.

Voilà pourquoi nous avons le droit de dire que nous avons utilisé tout ce qu'il y a de bon dans la théorie d'Enrico Ferri, de même que nous nous sommes servis de bien d'autres productions de la culture bourgeoise dans l'intérêt de la classe ouvrière, dans l'intérêt de l'édification communiste. Mais nous nous en sommes servis à notre manière. On ne voit pas que la même utilisation des mêmes principes puisse être faite par Enrico Ferri et par toute son école, et encore moins par l'Italie d'aujourd'hui, où la justice n'a pas le droit d'app'iquer les principes reconnus et établis théoriquement par Enrico Ferri.

Table des matières

IMPRIMERIE CENTRALE
5, rue Erard, 5
Paris-XIIe

BUREAU D'ÉDITIONS
DE DIFFUSION & DE PUBLICITÉ
132, Faubourg Saint-Denis, 132 - Paris (X^e)
Compte chèque postal : 943-47 Paris

Extrait du Catalogue

Auteur	Titre	Prix	
N. Antochkine	L'organisation et la situation des employés en Russie	1	
N. Boukharine	La situation extérieure et intérieure de l'U.R.S.S.	1	50
N. Bykhovsky	Les assurances sociales	1	25
Chauvel Guerbois, Le Bigot	Ce que nous avons vu en Russie	2	
N. I. Kalinine	Que fait le pouvoir soviétique pour réaliser la démocratie ?	1	
S. Kaploun	La protection du travail	1	50
A. Kolossov	Peuple, écoute ! (*Préface de Panaït Istrati*)	3	
N. Krylenko	Terreur rouge et terreur blanche	1	50
Dr. Montandon	Deux ans chez Koltchak et les Bolchéviks	15	
V. Sarabianov	Pourquoi la Nep ?	1	50
X. X. X.	En Russie soviétique	2	
—	La Russie (Rapport des Trade-Unions)	9	
—	Huit ans de pouvoir soviétiste	2	50
E. Chirvindt	Les prisons en U.R.S.S.	2	2

IMPRIMERIE CENTRALE, 5, Rue Erard, Paris (XIIe)

N° 1116

www.ingramcontent.com/pod-product-compliance
Ingram Content Group UK Ltd.
Pitfield, Milton Keynes, MK11 3LW, UK
UKHW022150170726
13837UKWH00004B/1891

9 782329 197043